BORDEAUX

G. DE BELOT

DIRECTEUR DES MONNAIES DE L'ÉTAT DU SALVADOR

BORDEAUX
IMPRIMERIE GÉNÉRALE DE Mᵐᵉ [illegible]

# UTILITÉ POUR BORDEAUX

## D'UN

# DOCK DE MARCHANDISES

## AU CENTRE-AMÉRIQUE

PAR

## G. DE BELOT

DIRECTEUR DES MONNAIES DE L'ÉTAT DU SALVADOR

BORDEAUX

IMPRIMERIE GÉNÉRALE DE Mme CRUGY,

16, rue et hôtel Saint-Siméon.

1862

# UTILITÉ POUR BORDEAUX

D'UN

## DOCK DE MARCHANDISES

### AU CENTRE-AMÉRIQUE

I

Recommander au public capitaliste une affaire commerciale a toujours été, selon moi, assumer une grande responsabilité; en toutes circonstances, il m'a toujours paru qu'il n'était permis de se laisser aller à une pareille initiative qu'en se sentant soutenu par une conviction forte et raisonnée, assise sur les études les plus sérieuses, appuyée sur l'opinion des hommes les plus compétents.

Dans la question qui m'occupe, ces études et ces appuis ne m'ont point fait défaut. Mais, aujourd'hui, ces conditions et ces garanties me paraissent à peine suffisantes ; l'esprit d'entreprise est tombé dans un tel état de marasme et d'affaissement, que, pour secouer cette léthargie, il faut non-seulement avoir le droit, mais encore se trouver dans l'obligation de le faire ; il faut, en un mot, avoir à patronner une affaire qui se recommande non-seulement par les bénéfices qu'elle promet à ceux qui y prennent part, mais encore par des avantages d'un ordre plus élevé et d'un intérêt général.

C'est parce que ces questions d'intérêt général et supérieur m'ont semblé inhérentes à la plupart des entreprises dont l'Amérique-Centrale est en ce moment le théâtre, que je n'ai pas hésité à porter mes regards sur le vaste champ qui a été ouvert au commerce par le Gouvernement du Salvador, qui, en conférant à un Français le privilége exclusif d'une Banque, et en ordonnant la refonte de la monnaie d'argent aux poids, titre et type français, permet à mes compatriotes de monopoliser le trafic de cette partie si riche du littoral du Grand-Océan.

La France a malheureusement toujours apporté dans les opérations commerciales et financières ce qu'elle a trop souvent apporté aussi à la direction de ses affaires politiques, je veux dire les qualités de sa nature, de son caractère, de son tempérament, de son intelligence, et avec elles les défauts de ces mêmes qualités. Rapide à comprendre, facile à l'enthousiasme, prompte à agir, la France s'est toujours montrée, dès que l'horizon s'assombrissait, également prompte à se laisser aller au découragement, quand ce n'était pas à l'injustice.

Lorsque Law, basant ses pratiques financières sur la

culture et le commerce du vaste pays où florissait naguère l'Union américaine, vint en France, il ne put échapper à l'influence que dut exercer sur lui notre caractère national; il n'eut pas le temps de montrer à ses disciples que ceux-ci se trouvaient disposés à exagérer la parole du maître, et à ne rien trouver d'impossible.

Français et méridional, susceptible à l'enthousiasme, peut-être facile à l'exagération, j'ai dû étudier plus qu'un autre l'affaire que j'expose, la mûrir, la discuter, l'analyser avec le doute méthodique de Descartes. Statistiques, ouvrages de toute nature, témoignages oculaires et officiels, tout a été mis longuement et consciencieusement à contribution, et c'est de cette étude persévérante et suivie qu'est née la plus complète des convictions.

Pendant longtemps la France ne put oublier les désastres de la banque de Law, et c'est peut-être à cette immense déception que l'on doit attribuer notre peu d'importance commerciale en Amérique; elle se rebuta pour tout ce qui de près ou de loin put lui rappeler les doctrines qui l'avaient tant séduite, et les mots de « commerce américain » devinrent des épouvantails certains dont elle ne chercha même plus à se rendre compte.

Nos capitalistes se complurent dans la sécurité des prêts hypothécaires.

Aujourd'hui les préventions sont dissipées; certains capitaux se lassent d'une oisiveté qui les réduit à l'impuissance; notre commerce demande que de nouveaux sillons lui soient ouverts. Qui donc entrera dans la carrière, si ce n'est Bordeaux ; Bordeaux qui ne doit pas oublier que son port a été un des premiers du monde, et que le percement indispensable de l'isthme américain le rendra aussi florissant que celui de Marseille ?

Je n'apprendrai rien à personne en répétant ce que tant d'autres ont dit avant moi, à savoir, que le Centre-Amérique est un des pays les plus largement dotés en richesses minières, et qu'il possède dans son sein des trésors suffisants pour alimenter les deux mondes. Mon intention n'est pas de refaire la longue énumération des inappréciables gisements qui forment le sous-sol du Honduras et du Salvador, et qui sont comme une large réserve que la nature a voulu assurer aux chevaleresques et imprévoyants habitants de ces contrées favorisées. Si j'entreprenais une pareille tâche, j'aurais trop l'air de rééditer un chapitre des *Mille et une Nuits;* j'aime mieux renvoyer mes lecteurs aux géologues qui ont traité ce sujet : je ne dois pas oublier que le cadre restreint de mon travail, la rapidité de son exécution, et son but purement commercial, seraient dépassés.

II

Investi par décrets de S. Exc. le capitaine général
don Gérard de Barrios, Président de la République de
San Salvador, de priviléges financiers et commerciaux,
je vais, pour leur exploitation, fonder un établissement
dans le Centre-Amérique, et créer une maison de commerce dans la ville de San Salvador ; je pars, fort de
la haute bienveillance du Gouvernement salvadorien et
d'une connaissance exacte du pays ; connaissance que
j'ai puisée non dans les relations mensongères de certains géographes, mais dans les statistiques officielles
et dans les rapports du chef d'état-major général de
l'armée du Salvador.

Pour me livrer exclusivement aux soins de mon exploitation commerciale, j'ai dû songer à confier à une
grande maison de banque le droit d'organiser une
Banque nationale et l'entreprise de la refonte des monnaies. Mon choix devait porter non-seulement sur un
grand financier, mais encore sur un homme recom-
mandable, d'une réputation de probité si intacte, qu'il

méritât la confiance entière du Gouvernement du Salvador, et plus tard de ceux du Nicaragua, du Honduras, etc.

J'ai remis les décrets de concessions financières à la maison Erlanger, de Paris. Par elle, cette entreprise importante sera menée à bonne fin. — L'uniformité du système monétaire, les transactions financières rendues désormais faciles par les opérations de banque, la protection particulière accordée par le Gouvernement à ces mouvements, seront une cause efficace d'accroissement dans le commerce de ces contrées, et, dans une période d'années très-restreinte, il sera décuplé.

MM. Erlanger et C$^e$ envoient dès ce jour en Amérique un employé muni de pleins pouvoirs. — Désormais à moi seul incombe la question commerciale tout entière.

Le Centre-Amérique est le pays le plus riche du monde. Ses produits consistent principalement en indigo, café, tabac, sucre, baume, caoutchouc, or, argent et platine. Jusqu'à ce jour, les côtes de l'Océan Pacifique ont été complètement délaissées par le commerce français, devenu tributaire des Anglais et des Hambourgeois. Nos nationaux, favorablement accueillis, trouveront, eux aussi, au Salvador les mêmes éléments de succès que nos voisins d'outre-Manche. Pourquoi Bordeaux, si favorisé par sa situation géographique et par la nature de ses produits, ne viendrait-il pas y jouer un rôle qui deviendra d'une immense importance, lorsque des résultats fructueux l'auront encouragé?

C'est avec la conviction, je le répète, et l'assurance formelle des désirs du Président de Barrios d'écouler directement en France les richesses du Salvador, que je crée au siége du Gouvernement une maison destinée à établir des relations suivies entre les deux pays.

Sur la demande de M. Hector Galinier, chef d'état-major général, un projet de traité de commerce a été soumis au Gouvernement de la République du Salvador. — Il sera présenté au Gouvernement de l'Empereur des Français.

Napoléon III connaît le Centre-Amérique; nul mieux que lui n'apprécie la richesse, les ressources de cette contrée destinée à devenir un jour l'entrepôt du commerce universel. Il accueillera les propositions des envoyés américains, car il sait combien ces relations seront utiles aux intérêts français qu'il a si savamment et si énergiquement défendus, alors que, proscrit, il appliquait les ressources de son vaste génie au projet de percement du canal du Nicaragua.

Au Salvador, si riche en productions minérales et agricoles, il n'existe pas de maison de commerce française. Nos produits y arrivent presque toujours sous pavillon anglais, et le retour si fructueux ne profite jamais à la France.

Une telle situation est anormale, et c'est pour la faire cesser que le général Barrios a rendu les décrets du 11 mars 1862, qui accordent à des Français le monopole presque exclusif des affaires dans cet État.

En exécution de ces décrets, j'ai créé un dock de consignation, et des marchandises expédiées en juin et juillet sont déjà en vente dans la capitale ; deux Français, sortant d'excellentes maisons de Paris, en opèrent le placement aux conditions les plus favorables. J'irai prochainement imprimer une marche plus rapide à ces transactions, et, secondé par des hommes pratiques, non-seulement agrandir mes opérations, mais établir des succursales dans les ports principaux du Pacifique.

L'une d'elles sera fondée au port de la Union ; elle communiquera, par la baie de Fonseca, avec le Nicaragua et le Honduras.

Des représentants, plaçant sur échantillons, seront institués dans chaque centre important.

La population du Centre-Amérique est de 3 millions 500,000 habitants environ. Placée dans un pays où l'or et l'argent abondent, sous un climat exceptionnel qui permet le développement prodigieux des plantes équatoriales, elle était privée de tout commerce ; elle dépérissait, malgré les nombreux éléments de prospérité. La longueur du voyage ( car, avant l'établissement du chemin de fer de Panama, il fallait doubler le cap Horn pour toucher aux ports de la Libertad ou de la Union); d'un autre côté, les déprédations des flibustiers, les guerres civiles qui déchiraient ces provinces, enlevaient toute sécurité aux transactions, éloignaient les exportateurs.

Aujourd'hui un gouvernement fort et moral est établi ; le général de Barrios, dont la haute intelligence s'est développée par un long séjour en Europe et surtout en France, a assuré la tranquillité publique, et il convie le commerce à prendre son essor. Par ses soins, des routes ont été tracées, des voies de communication larges et commodes relient les ports de la Union et de la Libertad avec la capitale, des ponts ont été jetés sur les rivières; l'agriculture progresse, et San Salvador devient la contrée la plus peuplée du Centre-Amérique.

Importer chez ces peuples les produits de l'industrie française, les échanger contre leurs richesses agricoles et minérales, sans frais, sans nulle contribution onéreuse, doit être une opération des plus profitables au commerçant qui voudra y consacrer son travail et ses capitaux.

Je pourrais m'appuyer de l'autorité de M. Belly, l'intelligent promoteur du canal du Niagara, du savant Young. — Une plume puissante serait même invoquée au besoin. On lira, à la suite des décrets, un passage extrait de la *Revue britannique*, publié par le Prince Louis-Napoléon Bonaparte.

Ces auteurs ont fait ressortir les avantages d'établissements commerciaux dans le Centre-Amérique, et surtout sur le littoral du Pacifique.

Bordeaux doit incontestablement recueillir des résultats heureux de relations directes. En outre des produits de la culture, il trouvera dans les inépuisables forêts du Guatemala un aliment pour les constructions navales.

L'impulsion donnée par M. Arman a placé Bordeaux à la tête des plus importants chantiers de construction. L'armateur y trouve de grandes ressources qui seraient bien plus considérables le jour où le Bordelais aurait la matière première dans les mêmes conditions que l'Angleterre et les États-Unis.

Certes, le négociant qui achète un navire à l'étranger sait bien que le chantier bordelais ne craint pas de rival pour la coupe, l'élégance, la finesse et la solidité ; la coque, le gréement et toutes les branches de l'armement ont acquis aujourd'hui à Bordeaux une perfection justement reconnue. Mais la cherté des bois du Nord, l'éloignement des lieux de production imposent à notre marché des prix supérieurs. La construction bordelaise étudiera cette question : création d'un chantier sur les rives du Pacifique.

Des mines de fer, du bois en abondance, de grands fleuves navigables pour des navires d'un fort échantillon, un chemin de fer américain en voie de construction, des moyens de transport nombreux et peu coûteux, tels sont les éléments que le Salvador présente à des entreprises de cette nature. Le général de Barrios, qui encourage partout le progrès, accorderait, sans doute, de grands priviléges, des concessions spéciales à une industrie qui donnerait une valeur à un produit inexploité.

Aidé par le colonel Galinier, qui sacrifiera à la réussite de mon entreprise tous les instants que sa position de chef d'état-major général lui laissera, secondé par plusieurs Français intelligents, actifs et rompus aux affaires, je ferai dans les cinq capitales du Centre-Amérique des opérations d'échange. — Les marchandises en provenant seront dirigées sur le port de la Union, et expédiées, suivant le volume et le tonnage, soit par le chemin de fer de Panama, soit par un service de voiliers qui sera assez fréquent pour que des retours rapides puissent renouveler les capitaux engagés.

Ces quelques aperçus, complétés par les décrets, les statistiques et opinions de divers auteurs, pourront servir de jalons pour l'étude des transactions que l'on peut faire avec ce pays, et développer puissamment dans un prochain avenir notre marché dans les républiques hispano-américaines.

III

Le moment est arrivé où toutes les chances se réu-
nissent pour assurer le succès des entreprises indus-
trielles et commerciales opérées dans le Centre-Amérique.

Il y a quelques années encore, l'ancien Guatemala
présentait un obstacle infranchissable au commerce
dans l'état arriéré ou le défaut absolu des moyens de
transport.

Les gisements aurifères et argentifères étaient complètement délaissés. Aujourd'hui, les veines de la richesse nationale se rouvrent sous l'impulsion puissante
du capital français.

Aussi le bras du travailleur est-il demandé et largement rémunéré; les centres de population s'accrois-
sent, et cet accroissement forcera l'agriculture de sortir
de l'état arriéré où elle est tombée.

La cochenille, l'indigo, les baumes de toute nature,
laissés si souvent sans les soins nécessaires à leur con-
servation, seront l'objet de procédés spéciaux, et vien-

dront augmenter nos marchés d'Europe en faisant participer les cultivateurs aux bénéfices de notre civilisation.

Le Salvador, cette terre féconde et qui pendant tant d'années semble s'être appliquée à dédaigner les dons de la Providence, voit enfin une ère nouvelle. Sous des institutions sages et modérées qu'il commence à apprécier et à aimer, les factions s'apaisent, les partis s'éteignent.

Le gouvernement du Président Barrios est destiné à achever l'œuvre de la réconciliation. L'administration énergique de cet homme d'État consolide le présent et fait entrevoir l'avenir.

Les ministres, comprenant leur mission, ne craignent pas de montrer à la nation la voie dans laquelle elle trouvera sa puissance et sa richesse. Les fleuves se canalisent, les routes s'ouvrent, et bientôt l'industrie et le commerce iront partout porter le travail, l'animation et la paix.

L'uniformité et la régularité dans le système monétaire, la facilité d'opérer les transports d'argent, grâce à la création d'une Banque, compléteront le système d'améliorations qui doit mettre le Centre-Amérique au niveau de la civilisation européenne.

Château Lamorandière, ce 18 septembre 1862.

G. DE BELOT,
Directeur des Monnaies de l'État du Salvador.

# DÉCRETS

## DOCUMENTS, STATISTIQUE.

(Lire soigneusement.)

## I

### LETTRE DU CHEF D'ÉTAT-MAJOR GÉNÉRAL.

Renseignements sur le Centre-Amérique.

MON CHER GUSTAVE,

Comme je vous l'ai promis, je vais vous donner un aperçu succinct sur le Salvador, afin que vous puissiez combiner vos pensées commerciales pour l'avenir.

Le Salvador, de toutes les Républiques du Centre-Amérique, est la plus petite territorialement parlant; mais, en revanche, elle est la plus peuplée et la plus fertile pour l'agriculture.

Le Salvador a pour Président un homme bon, généreux, d'un grand caractère, qui, ayant vu par lui-même l'Europe, et en particulier la France, est décidé, à tout prix, à régénérer son pays.

Or, comme il sait fort bien qu'il ne peut y arriver que par le développement de l'agriculture et du commerce, vous ne vous étonnerez pas des priviléges qu'il a accordés, afin d'atteindre le but. Mais, me direz-vous, pourquoi vous a-t-il donné cela, à vous plutôt qu'à tout autre?

Ma réponse est celle-ci : c'est que je suis Français ! Son Excellence le Capitaine général don Gerardo Barrios, pendant son séjour à Paris, a été accueilli par tous les généraux et maréchaux avec beaucoup de sympathie, et en particulier par l'Empereur ; il a étudié le caractère de notre nation comparativement avec celui de la nation anglaise, et il a parfaitement compris qu'il valait mieux s'allier, pour atteindre son but, au caractère loyal, franc et généreux de la France, qu'à celui mercantile de l'Angleterre, qui, avant de faire quoi que ce soit en faveur de tel ou tel pays, se pose préalablement cette question : Quel bénéfice en retirerais-je? Voilà, mon ami, le vrai point de vue sous lequel il faut envisager la conduite du Président Barrios.

Le Salvador, par sa position topographique, sa richesse, la valeur personnelle de ses habitants, est appelé, n'en doutez pas, à jouer un grand rôle dans le Centre-Amérique, et doit, malgré tout, devenir l'État dominateur de cette contrée, et cela avant très-peu de temps.

Le Salvador possède sur le Pacifique trois ports :

Cajutla ou San Sonate, la Libertad, et la Union, dans la baie de Fonseca. La baie de Fonseca est limitrophe de San Salvador, Honduras et Nicaragua. C'est dans cette baie que doit venir déboucher le canal projeté de la réunion des deux mers.

Ce canal se faisant, et tôt ou tard il s'exécutera, voyez un peu l'importance qu'aurait le port de la Union, car il est accessible à tous les navires, quel que soit leur tonnage. En dehors des trois ports indiqués ci-dessus, l'État du Salvador en possède d'autres, mais ils ne sont accessibles qu'à de petits navires.

A peu de distance du port de la Libertad est un fleuve appelé le Lempa, qui, une fois son embouchure arrangée, est navigable au moins soixante lieues par de gros navires. La largeur est au moins de quatre à cinq cents mètres, et ses rives ont des forêts entières de bois de construction et d'ébénisterie de toutes natures. Il y a également beaucoup de mines sur son passage, et en particulier des mines de houille.

Son Excellence a fait relier le port de la Union à celui de la Libertad, passant par la capitale, par une grande route carrossable. Cette route passera le Lempa sur un pont, soit de pilotis, soit en fer.

Le Salvador produit : sucre, café, indigo, cochenille, plantes tinctoriales de toutes sortes, plantes médicinales, plantes oléagineuses, tabac, et possède des mines d'or, d'argent, plomb, cuivre, etc., etc....

Son avenir est grand ; il ne faut que du développement ; et ce développement ne peut s'effectuer qu'en organisant un système commercial tel, qu'il puisse écouler ses produits directement sur la France (pensée dominante du Président), demander à la France des produits en échange, et pouvoir aussi, en temps opportun, remettre à une maison française établie au Salvador des fonds qui, par traites, pourraient être payés en France, et réciproquement. Là est la clef de l'avenir du pays, comme la clef de la fortune de cette maison française établie au Salvador.

Sur tout le littoral du Pacifique, depuis Guatemala jusqu'à Panama, il n'y a aucune maison de banque ou de commerce pouvant communiquer directement avec la France; il s'ensuit que forcément les négociants de ces diverses Républiques sont dans la triste nécessité de remettre tous leurs produits aux compagnies américaines et anglaises, et de subir le joug onéreux de ces compagnies. Qu'une maison s'établisse au Salvador, maison ayant navires sur le Pacifique, avec correspondance bien établie sur la France; que cette maison puisse faire savoir, dès son installation aux divers ports des autres Républiques, qu'elle se charge de toutes commissions, qu'elle possède un magasin général de tous les produits d'Europe, et qu'elle peut recevoir des fonds payables en France sur un bon de la maison, et réciproquement; oh! alors, je garantis à cette maison toute puissance, en quelques mois l'annihilation du commerce avec l'Angleterre.

Pourquoi?

Parce que tous les grands marchés des Républiques sont à San Salvador, et les 24 ou 25 millions d'indigos qui s'exportent sont achetés aux foires de Chalatenango,

San Vicente et San Miguel, villes du Salvador à cheval sur la route indiquée plus haut, de la Union à la Libertad. Enfin, pour donner encore un aperçu de ce qui peut être exporté du Salvador seul, je dirai qu'à Santa Tecla, ville à huit lieues du port de la Libertad, il y a, depuis deux ans, des plantations de café qui s'élèvent à plusieurs millions de pieds, et qu'il est reconnu que le café est aussi bon, si ce n'est meilleur, que celui dit de Costa-Rica, et que, pour l'exportation du café de cette seule ville, en dehors de tout ce qui se fait dans l'intérieur, il faudra une compagnie exprès pour cette branche industrielle.

Dans un an d'aujourd'hui, toutes les plantations donneront trois quarts de récolte, car les pieds auront trois ans et trois ans et demi.

Me résumant à tous égards, je dirai que la compagnie qui voudrait s'établir n'a point à craindre de manquer de travail; car, faisant le service de la côte régulièrement de Guatemala à Panama, touchant aux ports intermédiaires, elle aurait regagné en peu de temps le montant de tous les navires, et que son propre chargement passerait gratis et inaperçu.

En second lieu, ce qui doit donner pleine confiance à cette compagnie, c'est la facilité qu'elle possède de pouvoir, par les décrets, s'entendre avec l'hôtel des Monnaies.

Or, comme l'hôtel des Monnaies peut frapper tant qu'elle voudra, il ne reste plus à cette compagnie qu'à chercher par quelle combinaison elle peut organiser son affaire.

. . . . . . . . . . . . . . . . . . . . . . .

Une des grandes productions du pays est le tabac, qui est culture libre. Sa qualité est excellente, et, avec quelques hommes sachant bénéficier cette plante après la récolte, on pourrait obtenir une qualité aussi bonne qu'à la Havane, et faire vendre en Angleterre, aux Docks, où la vente en est libre et n'est point le monopole du Gouvernement.

On pourrait s'entendre pour fournir au Gouvernement français. Le prix du tabac est au Salvador, en moyenne, de 5 piastres le vieux, les 50 kilog., tabac dit de Capa ou de couverture ; il va quelquefois à 6 piastres ; et celui de Tripa ou d'intérieur, vieux, à 3 1/2 ou 4 piastres les 50 kilog. Quand il est de l'année, il y a une grande diminution, et on en achète à 2 piastres de Tripa très-bon.

Le sucre peut s'acheter à 1 piastre les 25 livres, excellent, dur, mais non raffiné. Les bœufs à 30 fr., rendus au Salvador. On peut en exporter, ou leurs produits, cuirs, graisses, cornes, os, de 30 à 40,000 par année.

Voilà, mon cher ami, les renseignements que je puis vous donner ; s'il vous manque quelques détails, écrivez-moi. Je suis tout à votre disposition. . . . . . . .

En résumé, il n'y a rien au Salvador, et tout est à faire. Avec des capitaux ou un peu de crédit, on arriverait, non à réaliser 25 ou 50 du cent, mais 100 et 200 de bénéfices.

Bonnes chaussures pour hommes et femmes, lingerie, vêtements légers, tout ce qui constitue, en un mot, le confort français, sera vendu avec rapidité.

Armes, vins, liqueurs, conserves, tout se vend à des prix plus que rémunérateurs. J'habite le pays depuis plusieurs années, je l'ai étudié en tous sens, je connais ses mœurs et ses habitudes, et c'est avec la conviction d'une réussite certaine que je vous engage à déterminer les Bordelais à se fixer au Salvador ou à y envoyer les produits de la France.

C'est la pensée et le but de S. Exc. le général Barrios ; tâchez de l'atteindre.

San Salvador, le 1er mars 1862.

*Le Colonel chef d'état-major général du Président de la République,*

Hector GALINIER.

## DÉCRET CONFÉRANT DES PRIVILÈGES COMMERCIAUX.

Secrétairerie du Ministère des relations extérieures du Salvador.

Le Président de la République de Salvador,

Considérant que M. Jean-Antoine-Hector Galinier, colonel au service de la République, a fait des expériences qui prouvent qu'il sait tirer un parfait produit de la vanille, coaguler la *saca-tinta* (l'extrait de la liqueur tinctoriale), et extraire la teinture d'une bonne qualité de *camotillo*; qu'il sait en même temps bénéficier sur la cire du *myrica*, sur le suif *carnao*, sur le lait du *saposillium*; qu'il a découvert diverses plantes qui produisent la teinture verte; qu'il a enfin prouvé sa capacité et son expérience dans les moyens de tanner les cuirs et dans la préparation de la graisse, des huiles et suifs animaux;

Désirant que l'industrie du pays vienne à se développer par la connaissance pratique de la manière dont il faut procéder, et que les agriculteurs acquièrent et se vouent à de nouvelles branches de richesse ; — Et en vertu de la onzième fraction de l'autorisation extraordinaire concédée au Pouvoir exécutif par la loi du 24 février dernier,

A cru devoir donner le décret suivant :

## DÉCRET.

ARTICLE PREMIER. — Il est accordé au susnommé M. Jean-Antoine-Hector Galinier le privilége exclusif, pour le terme de six années, pour la préparation, pour la culture et l'exportation des plantes et produits suivants : 1º La vanille ; 2º la *saca-tinta* ; 3º la *camotillo* ; 4º la cire de *myrica* et le suif de *carnao* ; 5º le lait du *saposillium* ; et 6º les diverses plantes donnant la couleur verte. Sont exceptés l'indigo et les teintures déjà connues dans le pays.

ARTICLE DEUXIÈME. — Le sieur Galinier est aussi autorisé, pour le même terme de six années, à avoir un établissement exclusif pour tanner et corroyer les cuirs, préparer les suifs, la graisse et les huiles animaux, les cornes et les os provenant des bœufs, et pour importer et exporter ces articles sans aucune charge et sans aucun droit à payer.

ARTICLE TROISIÈME. — Il est concédé au colonel Galinier dix *caballerias* (mesure agraire) de terrain, sur le lieu appelé les *Trantès*, dans la juridiction de Santa Tecla, pour y former une ferme-modèle. Il lui est encore concédé une pareille quantité de terrain inculte, qui sera désigné par le Gouvernement, pour y cultiver la vanille et les plantes tinctoriales qui seront avant indiquées.

Article quatrième. — Le colonel Galinier sera exempté, affranchi, pendant la durée des susdites six années, de toute contribution sur les terrains qui lui sont concédés ; mais, à l'expiration de ce terme, il sera assujetti à toutes les charges et à tous les impôts qui pèsent sur les sujets du pays.

Article cinquième. — A la deuxième année d'avoir mis en usage les procédés dont le colonel Galinier se sera servi, il est tenu de les communiquer au public, et de les montrer à tous ceux qui voudront les apprendre pour en user à l'expiration du privilége sus-rapporté, sous peine de perdre ce privilége.

Article sixième. — Pour jouir des priviléges et des autres grâces portés sur le présent décret, il faut qu'ils soient mis à exécution avant le premier avril mil huit cent soixante-trois ; si l'on atteint ce jour sans les avoir commencés, les concessions seront frappées de prescription.

Article septième. — Les procédés imparfaits usités dans le pays pour obtenir les produits auxquels se rapporte le présent décret, ne sauront être interrompus par le sieur Galinier ; les habitants demeurent libres de continuer à exercer leur industrie actuelle.

Donné à San Salvador, le 10 mars 1862.

*Signé :* GÉRARD BARRIOS.

Contresigné : Le Ministre de l'intérieur et des affaires étrangères,
*Signé :* EMMANUEL IRUNGARAY.

Pour copie conforme :
San Salvador, le 11 mars 1862.
*Signé :* B. VITERI.

Vu pour légalisation de la signature de M. B. Viteri, chef de section au Ministère de l'intérieur et des affaires étrangères.
Paris, le 19 mai 1862.
Le Consul général de la République de Salvador
à Paris,
*Signé :* JULES THIRION.

Je, soussigné, interprète juré pour la langue espagnole près le Tribunal de Commerce de Bordeaux, certifie que la présente traduction est conforme au texte espagnol du décret de concession ci-annexé, et que j'ai coté pour ne varier.
Bordeaux, le 2 juin 1862.
*Signé :* ÉTIENNE CASAUX.

Vu par nous, président du Tribunal de Commerce, chevalier de l'Ordre impérial de la Légion d'Honneur, pour légalisation de la signature du sieur Étienne Casaux, interprète juré de cette ville, ci-dessus apposée.
Bordeaux, le 12 juin 1862.
*Signé :* CORTÈS.

---

Par décision de S. Exc. le Ministre des affaires étrangères, M. le colonel d'état-major Hector Galinier a été autorisé à céder tous les priviléges qu'il a obtenus du Gouvernement du Salvador à M. G. de Belot, avocat.

Et, suivant les termes de la lettre de S. Exc. le Ministre Irungaray, du 11 mars 1862, et acte de cession déposé en triple au Consulat général à Paris, M. de Belot est propriétaire exclusif de tous les priviléges ci-dessus énoncés.

(Le privilége est définitif, ayant déjà reçu son exécution.)

# III

**EXTRAIT D'UN TRAVAIL DU PRINCE LOUIS-NAPOLÉON BONAPARTE,**

AUJOURD'HUI EMPEREUR DES FRANÇAIS.

———

*Revue Britannique,* année 1849.

———

On peut considérer l'Amérique centrale comme un grand isthme qui sépare l'Océan Atlantique de l'Océan Pacifique, et s'étend de l'isthme de Tehuantepec au golfe de Darien. Elle possède environ douze cents milles de côtes; sa superficie est de 26,650 lieues carrées, c'est-à-dire presque égale à celle de la France; sa population, de trois millions d'habitants. Les naturels descendent des anciens Espagnols et Ladinos, ainsi que les Indiens aborigènes, et l'esclavage n'existe pas chez eux. Le nord de l'Amérique centrale appartient au Mexique, le sud à la Nouvelle-Grenade; la région intermédiaire forme la République de Guatemala, qui, en 1823, se constitua sous une forme fédérale, composée de cinq États, —

Costa-Rica, Guatemala, Honduras, Nicaragua et San Salvador. Ces États sont aujourd'hui indépendants les uns des autres; mais, dans leurs relations diplomatiques, Honduras, San Salvador et Nicaragua agissent de concert. Suivant Thompson et Montgomery, de vastes étendues de territoire, avantageusement situées, jouissant d'un climat admirable et d'une merveilleuse fertilité, sont encore inhabitées et entièrement incultes. On y trouve aussi d'immenses forêts, dont l'exploitation procurera d'immenses bénéfices à ceux qui voudront l'entreprendre. Telle est la richesse du sol, qu'on peut y faire, chaque année, trois récoltes de céréales, notamment de maïs, qui rend de cent à cinq cents pour un. Toutes les productions des climats chauds et tempérés y prospèrent. La température y est aussi variée que l'aspect du pays. Les côtes et les terres basses qui avoisinent la mer sont exposées aux chaleurs tropicales, tandis que sur les plateaux et dans l'intérieur règne un printemps perpétuel. Les fruits, comme tous les autres produits de la terre, s'y succèdent sans interruption. Dans les plaines et les vallées, le sol est formé de matières alluviales jusqu'à une profondeur de cinq à six pieds; il est assez riche pour servir d'engrais aux terrains moins fertiles.

# IV

EXTRAIT D'UN OUVRAGE SUR LE PERCEMENT DE L'ISTHME AMÉRICAIN

Par M. Félix BELLY.

---

.  .  .  .  .  .  .  .  .  .  .  .  .  .  .  .  .  .  .  .  .  .  .

En jetant les yeux sur une carte du Nouveau-Monde
pour y découvrir le théâtre des événements que nous
venons d'esquisser, on ne remarque d'abord que les
deux continents du nord et du sud. La langue de terre
qui unit ces deux colosses paraît si peu de chose au-
près d'eux, qu'on ne suppose pas qu'il y ait là un peuple,
et, à plus forte raison, une société indépendante de ses
voisins. Mais, en y regardant de plus près, on reconnaît
bien vite qu'il s'agit d'un territoire plus grand que la
France, d'une admirable distribution de cours d'eau,
de plateaux et de montagnes, d'un développement de
côtes sans égal eu égard à la superficie du sol, et surtout d'une situation privilégiée entre les deux bassins
océaniques. Tels sont, en effet, les caractères naturels
de l'Amérique centrale, et c'est ce qui explique les con-

voitises ardentes dont elle est l'objet. Resserrée entre deux étranglements du golfe du Mexique et de la mer des Antilles, elle devrait géographiquement commencer à l'isthme de Tehuantepec, et finir à l'isthme de Panama, entre le 8$^e$ et le 22$^e$ degré de latitude septentrionale. Mais les combinaisons politiques lui ont enlevé une partie de ce territoire au profit du Mexique et de la Nouvelle-Grenade, ses deux voisins du nord et du sud, et elles ont créé ainsi des difficultés de limites qu'on ne résoudra peut-être qu'en rentrant dans les conditions géographiques.

Telle qu'elle est, cependant, l'Amérique centrale possède tous les éléments d'une puissante vitalité nationale. Sa superficie, de vingt-sept à vingt-huit mille lieues carrées, égale celle de la France. Ses huit cents lieues de côtes offrent au commerce plusieurs ports magnifiques, et à la pénétration intérieure des facilités exceptionnelles. Ses deux millions et demi d'habitants (quelques écrivains disent trois millions) ne sont pas en rapport avec l'étendue de leur pays. Mais cette population de sang mêlé, issue des conquérants espagnols, des Indiens aborigènes et des anciens esclaves noirs, constitue une race vigoureuse et intelligente, affranchie de tous les préjugés de caste, tolérante, hospitalière, laborieuse quand elle y trouve son intérêt, et d'une fidélité irréprochable dans ses engagements. La température varie selon les hauteurs; mais elle est partout plus tolérable qu'à Paris au mois d'août, grâce aux brises alternées des deux mers, et, sur certains plateaux comme à Costa-Rica, elle réalise l'idéal d'un printemps éternel. Quant à la salubrité du climat qu'on a parfois contestée, elle est complète dans l'intérieur; et si quelques points des côtes sont accidentellement insalubres dans la saison des pluies, ils ne le sont pas plus que les bouches de nos fleuves, et les fièvres intermittentes qu'on y contracte cèdent toujours à un régime fortifiant et à quelques précautions d'hygiène.

Telle est cette Amérique centrale qu'on connaît si peu en Europe, et que ses premiers possesseurs regardaient comme un des plus beaux joyaux de la couronne d'Espagne. Son histoire a beaucoup d'analogie avec celle de toutes les républiques américaines enfantées par la révolution de 1821. D'abord province espagnole sous le nom de *Royaume de Guatemala*, elle a été gouvernée pendant près de trois siècles, de 1524 à 1821, par un président de cour royale, à la fois gouverneur et capitaine général, qui ne relevait que de la métropole. La capitale du *royaume* ou de la *présidence* était Guatemala, ville de 50,000 âmes, située dans la région du nord, et qui est restée la ville littéraire et intellectuelle de l'isthme, et le seul dépôt des archives nationales. En 1821, la province guatemalienne suivit le sort de toute l'Amérique espagnole, et commença la série des épreuves qu'elle devait malheureusement prolonger jusqu'à ces derniers temps. A peine s'était-elle déclarée indépendante, que le Mexique l'absorba par la force. Seize mois après, la mort d'Iturbide lui rendit son autonomie. Elle se constitua alors en république fédérative, composée de cinq États qui sont aujourd'hui cinq républiques : Guatemala, San Salvador, Honduras,

Nicaragua et Costa-Rica. C'étaient les *États fédérés de l'Amérique centrale,* décrétés par la constitution du 28 novembre 1824. Leur union nominale dura près de vingt-cinq ans avec de nombreuses alternatives de paix et de troubles. Mais, enfin, l'esprit de séparation l'emporta, et depuis dix ans au moins les cinq républiques que nous venons de citer sont des États souverains et indépendants.

. . . . . . . . . . . . . . . . . . . . . . . . . .

Avons-nous besoin d'ajouter maintenant que la nature semble avoir tout préparé pour amener tôt ou tard cette fusion des deux mondes? Nous ne parlons pas de la configuration particulière de l'isthme qui lui a fait attribuer de temps immémorial le privilége du Bosphore américain. Mais le climat de ce coin de terre, mais la richesse de ses produits, mais l'indescriptible magnificence de ses forêts et de ses vallées, l'appellent, par la force des choses, à devenir l'un des plus grands foyers de la production humaine. L'Espagne de Charles-Quint et de Philippe II, blasée sur les splendeurs du Nouveau-Monde, avait été séduite par cette splendeur supérieure, et la comparaît naïvement au paradis de Mahomet (1). L'industrie moderne, plus exigeante encore que l'imagination, peut trouver là ce qui lui manque et ce qu'elle a cherché inutilement sur d'autres points. Avec une température qui varie toute l'année entre 18

---

(1) Es particularmente por razon de las delicias de que alli se goza por lo que los Españoles llaman a toda la provincia de Nicaragua el paraiso de Mahoma. ( *Voyages de Tomas Gage*, II<sup>e</sup> vol., pag. 240 et 248. )

et 28 degrés Réaumur, avec des pluies fécondes qui permettent de faire trois récoltes de maïs en cinq mois, avec un sol formé de détritus végétaux jusqu'à une profondeur de 20 à 25 pieds, avec des moteurs gratuits à chaque pas, grâce à l'abondance des cours d'eau, tout est possible dans l'ordre de la création agricole et industrielle. Aussi la cochenille de Guatemala, l'acajou de Honduras, l'indigo de Nicaragua et de San Salvador, et le café de Costa-Rica, occupent-ils déjà une place de faveur sur nos grands marchés. Le cacao rouge des bords du Nicaragua est sans rival (1). La salsepareille de l'isthme, connue dans le commerce sous le nom de salsepareille de la Jamaïque, quoique la Jamaïque n'en produise pas, est la meilleure du monde. La culture du coton, qui vient spontanément, permettrait à l'Angleterre de se passer un jour des État-Unis et de ne plus faire dépendre sa politique de l'approvisionnement de Manchester. Le ver-à-soie y travaille toute l'année sur une espèce de chêne, en plein air, nous dirons presque en pleine forêt, comme les abeilles, sans avoir rien à craindre des variations de l'atmosphère. On sait déjà, par 150 ans d'expérience, qu'il y sur toutes ces côtes des magasins inépuisables de bois de teinture, de marqueterie et d'ébénisterie. Mais ce que les gouvernements et les cités maritimes ne savent pas assez, c'est que tous les chantiers du monde y trouveraient les bois de cons-

---

(1) Au temps de la vice-royauté de Guatemala, le seul cacao consommé par la cour d'Espagne était récolté dans les environs de Rivas.

truction de toutes formes dont ils ont besoin, et que l'épuisement de la Norwége a rendus si rares et si chers.

Nous voudrions ne pas ajouter une ligne à ce tableau exact, dans lequel nous n'avons cité ni le tabac, qui rivalise avec celui de la Havane, ni la canne à sucre, ni le sorgho, ni les cuirs qui s'exportent par millions, ni l'écaille de tortue, ni le quinquina et la rhubarbe, ni les peaux de cerf, en telles quantités qu'elles suffisent à charger des navires; mais il nous est impossible de ne pas dire ici ce que personne n'ignore aux États-Unis, c'est que les mines d'or et d'argent de l'Amérique centrale, et surtout du Nicaragua et du Salvador, semblent laisser bien loin derrière elles, soit comme rendement, soit comme facilité d'exploitation, celles de la Californie et de l'Australie. On comprend quel mirage fascinateur doivent exercer de pareilles perspectives sur les spéculateurs de l'Union. La Providence n'a pas permis que ces nouveaux trésors leur fussent exclusivement dévolus. Les événements ont servi la cause de l'humanité aussi bien que celle de la civilisation générale. Les montagnes d'argent aurifère des Chontalès et de la Nouvelle-Ségovie n'appartiennent à personne, comme le canal, mais, comme lui, elles profiteront au monde entier.

V

**RÉGIME DOUANIER**

———

Le Gouvernement du Salvador suit en douane le système établi en 1837, époque ou la fédération existait encore ; seulement, dans la pratique, il a établi des adoucissements qui facilitent les opérations. Le paiement des droits en papier les allége au moins d'un tiers.

Les droits d'importation sont fixés à 20 p. cent sur le tarif d'évaluation et factures régulières.

Fil blanc et rouge à tisser, 7 p. cent.

Soie grège ou torse, 7 p. cent.

Café, 10 p. cent.

Eau-de-vie ou liqueurs (en numéraire), 2 réaux, soit 1$^f$ 35$^c$ la bouteille.

Le droit de magasinage est de 2 p. cent.

—    de péage, de 1 $^1/_2$ p. cent.

—    d'aiguade, jusqu'à 100 tonnes, 2 piastres, soit 10$^f$ 80$^c$.

—      —      —   300  —  4 piastres,    21  60

—      — au-dessus de 300  —  6 piastres,    32  40

—    de transbordement, 2 p. cent.

Une convention, stipulée avec les cinq gouvernements du Centre-Amérique, permet de transporter et vendre les marchandises dans les États voisins, sous l'acquit d'un droit de 4 p. cent, lorsque le tarif d'entrée de 20 p. cent aura été payé à l'arrivée d'Europe.

# VI



## IMPORTATIONS ET EXPORTATIONS

La moyenne générale des importations au Salvador pendant les quatre dernières années s'élève à neuf cent quarante-un mille deux cent soixante-dix-sept piastres, environ dix millions de francs.

Le commerce français, fait en majeure partie sous pavillon anglais, varie entre trois cent cinquante à quatre cent mille francs.

Ces chiffres prouvent notre incontestable infériorité.

Les principales importations de France consistent en champagne, vins rouges et blancs, muscatels, liqueurs, eaux-de-vie, fruits et conserves alimentaires, librairie, produits chimiques, huiles, papier, meubles, chaussures, vêtements, objets Paris, casimirs et draps mérinos, mousselines-laines, étoffes de soie, châles de soie, chemises de coton, bijoux, sellerie et accessoires.

La moyenne des exportations dépasse le chiffre de dix millions. La France n'en reçoit pas la quinzième partie, les retours s'opérant par Hambourg, l'Angleterre ou le Nord-Amérique.

L'indigo, la cochenille, le sucre, le café, le tabac, la vanille, le caoutchouc, les plantes tinctoriales, les cuirs, les suifs et les bois de construction, sont les principales richesses exportées.

M. Pereire, du Crédit mobilier, et M. Paul Oreillano exportent une quantité importante d'or et d'argent.

# VII


## ORGANISATION DE LA BANQUE DU SALVADOR.

---

Secrétairerie du Ministère des relations extérieures du Salvador.

---

Gérard Barrios, Président de la République de Salvador, capitaine général ;

M. le colonel Jean-Antoine-H. Galinier nous ayant informé que plusieurs capitalistes français désirent fonder une Banque sous la protection du Gouvernement, avons trouvé convenable d'en fixer les bases comme suit :

*Premièrement.* La Banque prendra le titre de *Banque de Salvador,* et les billets qu'elle émettra porteront l'inscription suivante :

RÉPUBLIQUE DE SALVADOR, AMÉRIQUE CENTRALE.

*Deuxièmement.* La Banque aura un fonds capital d'un million de piastres fortes, et elle pourra émettre

6

pour une somme pareille de billets de couleur de vingt-cinq piastres, de cinquante, de cent et deux cents, qui auront cours dans la République et hors la République.

*Troisièmement.* La Banque pourra librement tirer et accepter des mandats ou lettres de change, les escompter ou échanger, en fixant (les fondateurs) à leur volonté le taux de ces opérations, ou passer des conventions avec les intéressés.

*Quatrièmement.* La Banque peut faire des avances de fonds à ceux qui s'occupent d'industrie, d'agriculture et d'affaires commerciales, moyennant une indemnité de dix pour cent. Les fondateurs sont maîtres absolus d'admettre des cautionnements, ou garanties, ou hypothèques sur des biens immeubles.

*Cinquièmement.* Lorsque le Gouvernement demandera à la Banque quelque quantité d'argent à titre d'emprunt, il lui allouera un intérêt de huit pour cent annuel, et il lui donnera en hypothèque tous ses revenus ou celui que les fondateurs lui marqueront, tant pour la sûreté du capital, que pour les intérêts.

*Sixièmement.* Le Gouvernement, considérant que la fondation d'une Banque est d'une grande utilité pour la République, prend l'engagement de ne reconnaître, pendant l'espace de dix ans, d'autre établissement, en le couvrant de sa protection, que celui dénommé *Banque de Salvador,* avec tous ses priviléges et ses grâces.

*Septièmement.* Toute dette ou créance en faveur de la Banque sera considérée, dans la République, comme ayant les mêmes droits et les mêmes priviléges qui entourent celle du Fisc devant tous les tribunaux et poursuites judiciaires contre les débiteurs ; mais seulement, dans une circonstance égale, on préférera le Fisc lorsqu'il s'agira d'une créance du Fisc et de la Banque contre quelque personne ou hypothèque d'immeubles.

*Huitièmement*. En conséquence de la grâce consignée dans l'article précédent, pour les exécutions ou poursuites judiciaires qui auraient lieu en faveur de la Banque, on se conformera au texte des lois financières en vigueur dans la République ; sur quoi le Gouvernement, d'après le pouvoir qui lui a été octroyé par le Pouvoir exécutif, rendra un décret à cet effet et disposera le règlement qu'on aura également à suivre à cet égard.

*Neuvièmement*. La Banque peut enfin entrer en rapport avec d'autres Banques d'Europe, si l'intérêt des fondateurs l'exige. Elle peut aussi entrer en relation avec l'hôtel des Monnaies qu'on est en voie d'établir dans la République, et unir ses intérêts à ceux de cet établissement.

Le Gouvernement est disposé à accorder, sur ces bases, sa protection à la Banque, et les capitalistes dont parle le colonel Galinier peuvent, d'après cela, adresser au Gouvernement leurs propositions. Il est à désirer que l'un de ces capitalistes, muni des pleins pouvoirs de ses coïntéressés, se rende dans ce pays-ci afin de passer, à ce sujet, la convention nécessaire, qui sera ratifiée ici même, pour ne pas perdre de temps dans l'exécution d'un projet utile au pays, et dont les avantages sont connus des susdits capitalistes.

Ainsi, nous signons de notre main les présentes bases.

San Salvador, le 12 mars 1862.

*Signé* : G. BARRIOS.

Pour copie conforme :
San Salvador, le 12 mars 1862.
Le Chef de section,
*Signé* : B. VITERI.

Vu pour légalisation de la signature de M. B. Viteri, chef de section au Ministère de l'intérieur et des affaires étrangères.
Paris, le 19 mai 1862.
Le Consul général de la République de Salvador,
*Signé* : JULES THIRION.

Je, soussigné, interprète juré pour la langue espagnole près le Tribunal de Commerce de Bordeaux, certifie que la présente traduction est conforme au texte espagnol du décret sur la fondation d'une Banque nationale ci-annexé, et que j'ai coté pour ne varier.
Bordeaux, le 2 juin 1862.
*Signé* : ÉTIENNE CASAUX.

Vu par nous, président du Tribunal de Commerce, chevalier de l'Ordre impérial de la Légion d'Honneur, pour légalisation de la signature du sieur Étienne Casaux, interprète juré de cette ville, ci-dessus apposée.
Bordeaux, le 12 juin 1862.
*Signé* : CORTÈS.

———

Par décision du Ministre des relations extérieures du Salvador, et suivant sa dépêche du 11 mars 1862, M. de Belot a été chargé de l'organisation de la Banque nationale.

# VIII

EXTRAIT

D'UN RAPPORT ADRESSÉ AU PRÉSIDENT DE LA RÉPUBLIQUE DU SALVADOR

Par M. DE BELOT.

Salvador, Nicaragua et Honduras n'ont pas de véritable numéraire. On ne saurait accorder le titre sérieux d'espèces monnayées aux *macouquinas*, blocs informes, d'un poids et d'un titre peu réguliers, dont la valeur réelle varie entre 5 fr. 30 c. et 5 fr. 60 c.

Dépourvus des moyens mécaniques employés en Europe, n'ayant à leur disposition aucune des machines nécessaires au laminage et au découpage des pièces de monnaie, les Hispano-Américains ont dû recourir aux principes rudimentaires.

Le métal argentifère ramassé à la surface du sol a été fondu dans des moules informes, poinçonné à l'aide d'un grossier instrument, et ramené à l'unité de poids à l'aide d'un couteau.

Cette fabrication primitive explique les formes irrégulières des piastres en cours de circulation, tantôt triangulaires, tantôt carrées, presque jamais rondes. Leur module différent permet la fraude et la réduction dans le poids légal.

Le chiffre du numéraire actuel varie, d'après un rapport du chef d'état-major général de S. Exc. le Président Barrios, entre 50 à 60 millions pour l'État du Salvador, et est à peu près le même pour les Républiques de Nicaragua et de Honduras (180 millions en tout).

Ces chiffres minimes et insuffisants aux besoins d'une population de plus de 3 millions d'âmes s'expliquent par l'exportation permanente du numéraire hispano-américain.

Des spéculateurs européens, connaissant par l'analyse la richesse aurifère des *macouquinas*, leur titre élevé en argent fin, les achètent aux habitants, les exportent en France ou en Angleterre, et acquièrent des bénéfices énormes, grâce à un affinage intelligent.

Cette spéculation peut être loyale et surtout fructueuse pour les exportateurs, mais elle ruine le commerce et rend l'industrie impossible dans le Centre-Amérique. Le numéraire disparaît sans se renouveler ; les moyens d'opérer les transactions manquent, et, l'indolence des indigènes aidant, toute espèce de moyen d'activer les affaires est anéanti.

Une pareille situation ne pouvait se prolonger sans de trop graves inconvénients pour que les hommes d'État qui dirigent les Gouvernements du Centre-Amé-

rique restassent indifférents à cette complète démoné-
tisation.

Aussi le général don Gérard de Barrios, dont le
noble désintéressement et la haute capacité adminis-
trative ont donné au commerce du Salvador une si
grande impulsion, a décrété la construction d'un hôtel
des Monnaies ayant droit de frapper pour les Républiques de Honduras, Nicaragua, etc. ; et avant un an,
les premières pièces, ayant le poids et le titre français,
viendront donner une force et une impulsion nouvelles
au commerce du Centre-Amérique.

Ce n'est pas seulement le Salvador qui sera rede-
vable au général Barrios d'une institution si importante ; tout le commerce européen bénéficiera de l'uniformité de poids et de titre plus qu'indispensable à la
sécurité des affaires.

Dorénavant, la piastre du Salvador, ramenée aux
poids, titre et type français, aura cours en Amérique
et en Europe. Pouvant s'échanger sans fractions avec
l'or américain et français, admise à la circulation dans
les principaux pays de l'Europe, elle sera le moteur
du commerce qu'elle décuplera.

L'avenir du Centre-Amérique est grand ; sa transfor-
mation monétaire contribuera à sa prospérité.

Quelques questions de détail sont à modifier dans le
traité du 11 mars 1862.

On n'est pas encore d'accord sur les fractions de la
pièce de cinq francs et sur la valeur des monnaies de
cuivre. Ces questions seront débattues à mon arrivée à
San Salvador ; mais ce qui est positif, c'est que la

pièce de cinq francs de France, au poids et au titre adoptés par la Monnaie de Paris, sera la base de la monnaie d'argent. L'or sera frappé sur le modèle du Nord américain :

> Pièces de 100 francs, ou 20 piastres.
> — de 50 francs, ou 10 piastres.
> — de 25 francs, ou 5 piastres.

Cette heureuse combinaison permettra de satisfaire aux besoins commerciaux de toutes les nations, et empêchera les calculs de change qui étaient aussi incommodes que frauduleux.

# IX



DÉCRET

**CONFÉRANT A DES FRANÇAIS LE PRIVILÉGE EXCLUSIF DE BATTRE MONNAIE.**

———

Entre M. Emmanuel Irungaray, ministre des relations extérieures du Gouvernement suprême, muni de sa pleine autorisation, d'une part; et le sieur Antoine-Hector Galinier, chef d'état-major général du Président de la République du Salvador, d'autre part, a été convenu ce qui suit :

*Premièrement.* Le Gouvernement suprême accorde au colonel Galinier la permission d'établir à ses frais, dans cette ville ou dans celle de San Miguel, un hôtel des Monnaies. Cette monnaie portera les armes de l'État. Les pièces d'argent auront le poids et le titre de la monnaie française; elle se composera d'une piastre de cinq francs, ayant cours de huit réaux du pays; d'une demi-piastre dans la proportion de la piastre; d'une piécette formant le quart de la piastre; d'un réal, d'un demi-réal et d'un quart de réal, toutes ces pièces dans

7

la proportion du poids de la piastre de cinq francs, ainsi qu'il est dit ci-dessus.

Les pièces d'or porteront les mêmes armes que celles d'argent, mais elles auront le poids et le titre de celles des États-Unis du Nord. Elles se composeront de pièces de vingt piastres, de dix piastres, de cinq piastres, de deux piastres et demie, et d'une piastre, toutes proportionnellement.

*Deuxièmement.* Le Gouvernement aura l'inspection suprême de l'hôtel de la Monnaie, afin de s'assurer que le titre, le type et le poids qui sont décrétés ont été religieusement observés ; en cas d'altération, l'établissement sera séquestré au profit du trésor public, sans autre formalité que celle de demeurer justifiée la falsification, et sans que l'entrepreneur ait droit à aucune indemnité, et encore moins prétendre continuer à battre monnaie.

*Troisièmement.* Le Gouvernement cède à l'entrepreneur, pour s'en servir, et dans l'état où il se trouve, le coin que l'État possède, sans préjudice de pouvoir apporter une autre machine égale ou supérieure à celle qui existe. L'entrepreneur n'a rien à payer pour la cession de ce coin.

*Quatrièmement.* Quant au coin cédé, dans ce moment, au colonel Galinier, si ce traité vient à être résilié, il sera rendu dans l'état où il est actuellement, mais il perdra les améliorations qu'il aura pu y faire.

*Cinquièmement.* Si quelque État voisin, dans la République centrale, voulait frapper de la monnaie sous le type salvadorien, l'entrepreneur peut le faire, mais à la condition de maintenir le même titre et le même poids; autrement il encourra la confiscation de l'établissement, à moins que le Gouvernement de l'État voisin ne veuille altérer sa monnaie intérieure, et cela encore sous le type que ce Gouvernement décrétera; mais, dans cette même hypothèse, le Gouvernement de Salvador, d'après son droit d'inspection supérieure, aura soin que cette monnaie soit conforme au décret qui sera rendu par le Gouvernement voisin qui l'aura créée.

*Sixièmement.* Le Gouvernement donne à l'entrepreneur la jouissance de tous les profits qui pourront résulter dans la fabrication de la monnaie d'or et d'argent pendant la durée de cinq années à partir du jour où sera frappée la première pièce.

*Septièmement.* Le Gouvernement ne percevra aucun droit pendant la susdite période de cinq ans sur tous les matériaux et machines qui seront introduits pour le service de l'établissement, ni sur les meubles et ustensiles destinés à l'usage de l'entrepreneur et de sa famille.

*Huitièmement.* Dès que le présent traité aura été ratifié, le Gouvernement rendra un décret pour défendre l'exportation de l'or et de l'argent brut ou pour la permettre sous l'acquit d'un droit de dix pour cent par les intéressés.

*Neuvièmement.* Le Gouvernement s'engage à arrêter la circulation de la monnaie appelée *Macuquina*, un an après que l'établissement sera en fonctions, mais les détenteurs pourront la faire refrapper avec le même

titre et le même poids décrétés pour la monnaie nationale.

*Dixièmement.* Le colonel Galinier offre, de son côté,
de monter pour son compte l'hôtel de la Monnaie et sans
le moindre coût pour le Gouvernement. Il promet de
maintenir en activité le susdit hôtel, pendant la susdite période de cinq ans, et de remplir fidèlement les
obligations qui lui sont imposées par les articles précédents.

. . . . . . . . . . . . . . . . . . . .

*Douzièmement.* En cas de mort du colonel Galinier,
il sera représenté par la personne qu'il aura à désigner
lors de la ratification du présent traité.

*Treizièmement.* Tout différend ou difficulté qui
pourrait survenir au sujet du présent traité sera
soumis à l'arbitrage d'hommes impartiaux, nommés
l'un par le Gouvernement et l'autre par l'entrepreneur.
La réunion de ces arbitres aura lieu dans la République, dans le terme de quatre mois, du jour où la
contestation se sera élevée. Dans le cas où l'un des
arbitres ferait défaut, il en sera nommé un autre du
pays, sans admettre aucun délai, pour le remplacer,
sous peine, la partie négligente, de perdre tous ses
droits. En cas de partage, les arbitres s'adjoindront un
tiers. Leur décision, à laquelle les parties auront à se
soumettre, sera sans appel.

*Quatorzièmement.* A l'expiration des cinq années
du privilége concédé par le Gouvernement, le colonel
Galinier s'oblige à laisser au profit de l'État le susdit
hôtel, avec toutes ses appartenances et dépendances,

en récompense de la grâce qui lui a été concédée, sans qu'il puisse prétendre à la moindre indemnité.

En foi de quoi, les susnommés signent le présent traité.

San Salvador, 11 mars 1862.

(Suivent les signatures, comme aux décrets précédents.)

Une dépêche du 2 juin 1862, émanée de l'État-major général, confère à M. de Belot le titre de directeur des Monnaies de la République de Salvador.

La maison de commerce aura pour raison sociale :

**DOCKS DE LA MONNAIE DU SALVADOR**

G. DE BELOT ET C<sup>ie</sup>.

*Siége principal :* Hôtel des Monnaies, à San Salvador.

*Agences générales :* A la Union, Libertad, San José de Guatemala, Costa-Rica, Honduras, Nicaragua.

www.ingramcontent.com/pod-product-compliance
Lightning Source LLC
Chambersburg PA
CBHW051726050726
47598CB00003B/1060